Richard Deiss

Die schönsten Fachwerkhäuser Süddeutschlands

Meine Liste der 77 sehenswertesten Fachwerkgebäude in Baden-Württemberg

Impressum

Autor: Richard Deiss
Cover: Richard Deiss

Kontakt: richard.deiss@gmail.com

Verlag: BoD · Books on Demand GmbH,
In den Tarpen 42, 22848 Norderstedt

Druck: Libri Plureos GmbH, Friedensallee 273, 22763 Hamburg

Printed in Germany

ISBN: 978-3-7693-2341-2

Fünfte Auflage 2024, Originalausgabe

Bibliografische Information der Deutschen Nationalbibliothek
Die Deutsche Nationalbibliothek verzeichnet diese Publikation in der Deutschen Nationalbibliografie; detaillierte bibliografische Daten sind im Internet über http://dnb.d-nb.de abrufbar

Inhaltsverzeichnis

Fachwerkhaus in der Altstadt von Besigheim

Vorwort

Ich bin ein Städte-Vielreisender und habe in Deutschland bereits 1696 Städte besucht, darunter alle 314 Städte Baden-Württembergs. Nach einer Buchreihe zu Denkmälern in Städten, welche ich seit Juni 2022 publiziert habe, erinnerte ich mich, dass ich in den besuchten Städten auch immer wieder interessante Fachwerkhäuser fotografiert hatte. So beschloss ich im Frühjahr 2023, ein Buch zu den 100 beeindruckendsten von mir besuchten Fachwerkhäusern zu publizieren. Obwohl der Süden im Buch mit fast 40 Gebäuden vertreten war, musste ich etliche schöne Fachwerkhäuser dieser Region weglassen. Deshalb beschloss ich, einen eigenen Band nur zu Baden-Württemberg und Bayern zu publizieren, um die Zahl der dort gezeigten Fachwerkhäuser verdoppeln zu können. Nach weiteren Reisen ergab sich die Notwendigkeit einer weiteren Aufspaltung. Der vorliegende Band enthält nur noch Fachwerkhäuser in Baden-Württemberg, ein separater Band zu Bayern wurde bereits publiziert. Zu den 77 schönsten Fachwerkhäusern kommen dabei 23 weitere, um die runde Zahl von 100 Fachwerkhäusern für dieses Bundesland zu erreichen. In der Neuauflage sind zusätzlich 25 Gebäude in Tabellenform enthalten. (mit 55+20 Häusern im Band Bayern ist Süddeutschland dadurch in 2 Bänden mit 200 Fachwerkhäusern vertreten). Mit weiteren Reisen und Entdeckungen wird sich die Liste auch immer wieder ändern. Die Arbeit am Büchlein hat mir geholfen, besuchte Fachwerkhäuser nochmal in Erinnerung zu rufen und neu gesehene aufmerksamer zu betrachten.

Ich freue mich, wenn das Buch interessierte LeserInnen findet, die es lehrreich und unterhaltsam finden. Vielleicht werden LeserInnen auch angeregt, das eine oder andere Fachwerkhaus selbst in Augenschein zu nehmen.

Viel Spaß beim Lesen und dem Betrachten der Fachwerkhäuser.
Isny im Dezember 2024
Richard Deiss

Vorwort zur fünften Auflage

Da ich den Titel in der Neuauflage beibehalten musste, die Fachwerkhäuser Bayerns mittlerweile jedoch in einem eigenen Band aufgeführt sind und Süddeutschland im vorliegenden Band somit nicht mehr komplett abgebildet ist, möchte ich hier die im Band Bayern identifizierten 15 schönsten Fachwerkhäuser auflisten. Diese finden sich vor allem in der Region Franken und dort in Mittelfranken.

Meine Top-15 der Fachwerkhäuser Bayerns

Unterfranken	Miltenberg, **Zum Riesen**
	Miltenberg, **Haus Clausius**
	Marktbreit, **Malerwinkel**
Mittelfranken	Dinkelsbühl, **Deutsches Haus**
	Großhabersdorf, **Gasthaus Rotes Ross**
	Nürnberg, **Pilatushaus**
	Nürnberg, **Dürerhaus**
	Roth, **Riffelmacherhaus**
	Rothenburg, **Jagstheimerhaus**
	Rothenburg, **Gerlachschmiede**
	Spalt, **Mühlreisighaus**
Oberfranken	Bamberg, **Rottmeisterhäuschen**
	Marktzeuln, **Rathaus**
Schwaben	Memmingen, **Siebendächerhaus**
	Nördlingen, **Tanzhaus**

Die Konzentration auf das fachwerkreiche Baden-Württemberg erlaubt nun eine vollständigere Darstellung wichtiger Fachwerkhäuser dieses Bundeslandes. In der fünften Auflage sind 25 weitere Häuser in Baden-Württemberg hinzugekommen. Diese sind meist in Tabellenform kurz beschrieben, um die Seitenzahl nicht zu sehr zu erhöhen. Insgesamt sind damit jetzt 125 Fachwerkgebäude im Buch enthalten. Zusammen mit dem Band Bayern (75 Gebäude) ist der Süden Deutschlands in der Reihe jetzt mit 200 Fachwerkhäusern vertreten.

Einleitung

In Baden-Württemberg ist vor allem zentrale und der nördliche Landesteil, insbesondere die Neckarregion, reich an Fachwerkstädten. Im Allgäu und in der Rheinebene sind sie dagegen seltener. Einige der schönsten Fachwerkstädte sind im bereits fränkisch geprägten östlichen Württemberg zu finden. Dazu zählt Schwäbisch Hall mit Fachwerkhäusern, die fast aus dem Kocherufer herauszuwachsen scheinen (siehe Bild). Andere nordwürttembergische Fachwerk-Schatzkästlein sind Bad Wimpfen und Neudenau. In der Region Stuttgart zählen Bietigheim, Besigheim, Herrenberg, Schorndorf und Esslingen zu den wichtigsten Fachwerkstädten. Im nördlichen Baden sind Mosbach und Ladenburg fachwerkreiche Städte, in Südbaden Gengenbach und Schiltach. Im Kraichgau sind Bretten und Eppingen zu nennen.

Im Buch dargestellte Fachwerkbauten nach Regierungsbezirk (in Klammern zusätzliche Gebäude in Tabellenform):

Regierungsbez.	Orte	Häuser	Top 77	Top 18
Karlsruhe	8 (11)	10 (+5)	6	3
Freiburg	5 (8)	8 (+5)	3	1
Stuttgart	34 (38)	55 (+10)	43	12
Tübingen	15 (17)	27 (+5)	25	2
Baden-Württ.	62 (74)	100 (+25)	77	18

Typisch für die Region sind Bauten mit alemannischem (oberdeutschem) Fachwerk oft in Rähmbauweise (Bauweise Stockwerk für Stockwerk), was oft Auskragungen der oberen Stockwerke mit sich bringt, die zum interessanten, lebendigen Fassadenbild beitragen.

Schwäbisch Hall, Häuser am Kocher

Fachwerkhäuser, die zu den Top-77 Baden-Württembergs gehören, sind im Buch mit einem ★ gekennzeichnet, solche die zu den Top-100 Deutschlands gehören mit ★★ (siehe Deutschlandband). Fachwerkhäuser, zu denen es einen Wikipedia-Artikel gibt, mit 📄.

Hier ein Versuch, die Top-18 der schönsten Fachwerkhäuser Baden-Württembergs herauszustellen (Top 18, weil zusammen mit den Top-15 Bayerns etwa 1/3 der Gebäude auf Süddeutschland entfallen sollen):

Meine Top-18 der Fachwerkhäuser Baden-Württembergs

RB Karlsruhe	Calw, **Haus Schnaufer**
	Mosbach, **Palmsches Haus**
	Ladenburg, **Neunhellerhaus**
RB Freiburg	Schiltach, **Adler**
RB Stuttgart	Bad Wimpfen, **Schmuckkästchen**
	Besigheim, **Rathaus**
	Bietigheim, **Hornmoldhaus**
	Bönnigheim, **Ratsstüble**
	Eppingen, **Baumannsches Haus**
	Esslingen, **Rathaus**
	Großbottwar, **Rathaus**
	Markgröningen, **Rathaus**
	Schorndorf, **Palmsche Apotheke**
	Schwäbisch Gmünd, **Amtshaus**
	Vaihingen-Enzweihingen, **Großes Haus**
	Weinstadt-Strümpfelbach, **Altes Rathaus**
RB Tübingen	Blaubeuren, **Hoher Wil**
	Ulm, **Schmales Haus**

Zusätzlich gibt es Orte, in welchen nicht ein einzelnes Gebäude allein den Ausschlag gibt, sondern ein Ensemble. Ein typischer Fall ist **Schwäbisch Hall** mit den fast aus der Stadtmauer über dem Kocherhang herauswachsenden Häusern, oder **Bad Wimpfen,** wo die Klostergasse ein pittoreskes Bild zeigt.

1. Regierungsbezirk Karlsruhe

Im Regierungsbezirk Karlsruhe sind Fachwerkgebäude besonders im Kraichgau, am Neckar und im nordöstlichen, württembergischen Schwarzwald zu finden. Wichtige Fachwerkstädte sind hierbei Altensteig, Mosbach, Bretten und Calw. In Bretten ist das Ensemble der Fachwerkbauten an der Nordseite des Marktplatzes, die um 1700 erbaut wurden ansprechend. Vor allem das kleinere Gebäude

Am Marktplatz 5 mit den roten Balken wirkt pittoresk.

Bretten, Am Marktplatz 5 (um 1700)

9

Altes Rathaus (1458) ★

Das 1458 im Fachwerkstil der Zeit der Gotik mit Mann-Formen erbaute Rathaus von Altensteig zeigt sich zurzeit im frisch renovierten Zustand. Es hat ein Krüppelwalmdach, seinen Giebel ziert eine große Uhr.

Adresse: Rathausplatz 1

Haus Schnaufer (1694)★ ★ (▤)

Das **Haus Schnaufer** gilt als schönstes Fachwerkhaus Calws. Es wurde zwei Jahre nach dem verheerenden Stadtbrand von 1692 errichtet. Die detailreiche Ausführung zeigt den Wohlstand des Erbauers Johann Jakob Schill, dessen Familie zur Calwer Zeughandlungscompagnie gehörte. Ab 1751 beherbergte das Haus fünf Jahre lang die zweitälteste württembergische Porzellanfabrik. Am Haus informiert eine Tafel:

> **Altdeutsches Haus** *German Renaissance Building*
> *Fränkisches Fachwerk 1694 erbaut, 1751 zweitälteste württembergi-*
> *sche Porzellanfabrik (1751-1756) der Familien Zahn und Dörtenbach*

Adresse: Lederstraße 39

Ladenburg

Neunhellerhaus (1300-1600) ★ ★ 🗎

Während die Fachwerkgeschosse des Ladenburger **Neunheller-
hauses** im 16. Jahrhundert erbaut wurden, stammt das Erdgeschoss
aus dem Jahr 1300. Die Anfänge des Gebäudes reichen sogar bis
etwa 1100 zurück. Die Fassade zeigt eine Mischung aus schwäbischen und fränkischen Fachwerkelementen. Zu letzteren gehören
die zierreichen geschweiften Feuerböcke. Das Gebäude wird heute
als Wohnhaus genutzt.

Adresse: Marktplatz

Palmsches Haus (1610) ★★ 🗎

Das 1610 erbaute **Palmsche Haus** in Mosbach ist nach einem späteren Besitzer, dem Kaufmann Anton Palm benannt. Anders als andere Fachwerkhäuser, war es nie verputzt, wahrscheinlich aufgrund des sehr dekorativen Fachwerks. Auf einer Steinetage liegen drei Fachwerkgeschosse mit Fachwerkerker. Das alemannische Fachwerk mit leichten Auskragungen ist mit einem überwältigendem Varianten- und Detailreichtum ausgeführt. Im Anbau steht zurzeit ein Lokal leer. Das Gebäude könnte mittlerweile eine Sanierungsrunde vertragen.

Adresse: Marktplatz

Salzhaus (um 1450) ★ 📄 und **Hotel Schwanen** (um 1500)

Am Salzhaus, dessen Name wohl daher rührt, dass es einst als Salzlager der Stadt diente, informiert eine Tafel:

> Das Salzhaus besitzt das älteste sichtbare Fachwerk in Mosbach (um 1450 oder früher). An diesem Gebäude…lassen sich einige Details zum Fachwerkbau ablesen. Die beiden oberen Stockwerke sind jeweils als Holzfachwerk aus Schwellen, Ständern, Rähm, Fuß- und Kopfbändern sowie ursprünglich einem Riegel abgezimmert. Auf der Traufseite sieht man die Verwendung von zwei verschiedenen Verstrebungstechniken: die Aussteifung der Konstruktion durch doppelte Fußbänder (1. Geschoss) und zusätzliche Streben. Eine weitere Besonderheit ist die Mittelsäule in den Giebelfeldern, die vom Traufgebälk bis zum First reicht. Streben und Riegel (alle diagonalen und waagrechten Hölzer) sind aufgeblattet. Diese Art der Abzimmerung geht auf den Vorläufer des Fachwerkbaus, den Ständerbau zurück.

Unweit davon das um 1500 errichtete **Hotel Schwanen.**

Adresse: Hauptstraße 42 und Schloßgasse 8-10

Alte Post (1697) ★

Das Fachwerkgebäude hieß ursprünglich ‚Gasthof zur Sonne' und beherbergte einst hohe Gäste, darunter König Friedrich von Württemberg. 1807 wurde im Gasthof eine Poststelle eingerichtet, 1812 kam noch ein Poststall für den Pferdewechsel hinzu. Erst 1906 wurde das prächtige Fachwerk durch den Stuttgarter Architekten Nachbauer freigelegt Das stattliche Wirtshausschild wurde 1907 von einem Kunstschmied gestaltet. 1984/85 wurde das Gebäude erneut renoviert.

Adresse: Bahnhofstraße 2

Schilderhäuschen (1569)

Das Gebäude zeigt Renaissance-Zierfachwerk im fränkischen Stil. Das Obergeschoss ist leicht versetzt. Anfang des 19. Jahrhunderts standen die meisten Häuser am Hanfmarkt bei einem Jahrhunderthochwasser unter Wasser.

Adresse: Hanfmarkt

Walk'sches Haus (1701)

In zentraler Lage am Marktplatz und direkt an einem kleinen Fluss gelegen, wurde das später nach einem Besitzer **Walk'sches Haus** genannte Fachwerkhaus 1701 erbaut. Aufwändig in Rähmbauweise mit damals sehr teuren Eichenbalken gebaut, erwarb Anfang der 1980er Jahre ein Weingartner Unternehmer das mittlerweile marode Haus und sanierte es. Heute dient es als Gaststätte/Hotel.

Adresse: Marktplatz 7

Kerwehaus (1559)

Das Kerwehaus (Kirchweihhaus) im Gerberviertel von Weinheim (Nordbaden) zeigt Renaissance-Zierelemente wie Feuerböcke. Heute ist es Sitz des Heimat und Kerwevereins Alt-Weinheim.

Adresse: Münzgasse 2/3

5 weitere bemerkenswerte Fachwerkhäuser im RB Karlsruhe

Altensteig		
Altes Bürgerspital (1527), Rosenstraße 2		Das 1527 durch die Bürgerschaft gestiftete Spital wurde 1697 verkauft und danach als Handwerkerhaus genutzt. Spätgotisches Erdgeschoss, darüber teilweise ein Neubau von 1612 in barockem Fachwerk. Sanierung und Umbau zu Wohnzwecken und einer Arztpraxis in den Jahren 1994/1995.
Bürger- und Handwerkerhaus (vor 1655), Blumenstraße 1		Der in den Hang gebaute Fachwerkbau mit hohem steinernen Sockel diente anfangs als Gasthaus, später als Bürger- und Handwerkerhaus. Heute finden sich hier Wohnungen.
Bretten		
Schweizer Hof (1707), Melanchthonstr. 24		Das ehemalige Hotel **Schweizer Hof** wurde nach zeitweisem Leerstand von einer Bürgerinitiative saniert und in den Obergeschossen zu einem Museum umgebaut. Im Erdgeschoss findet sich heute wieder eine Gaststätte.
Ettlingen		
Häuser Kirchenplatz (18. Jahrh.)		Nach der Zerstörung Ettlingens durch Brandschatzung im Jahre 1689 wurden die Fachwerkhäuser am Kirchenplatz im 18. Jh auf Grundmauern aus dem 16. Jahrhundert wieder aufgebaut.
Sinsheim		
Gerberhaus Schmoll (1744), Ziegelgasse 2		Ältestes erhaltenes Gerberhaus Sinsheims (links im Bild). Durch Rotgerber Georg Leonhard Schmoll im Jahre 1778 erheblich umgebaut.

2. Regierungsbezirk Freiburg

Im Regierungsbezirk Freiburg ist die Fachwerkhausdichte etwas geringer als in den nördlichen und östlichen Landesteilen. Und dies, obwohl aus dem Schwarzwald Holz reichlich verfügbar war. In der Oberrheinebene finden sich oft Sandsteinfassaden.

Die herausragende Fachwerkstadt der Region ist die kleine, in ihrer historischen Anmutung erhalten gebliebene Stadt **Gengenbach**. Gleich fünf Gebäude dieser Stadt sind im Buch erwähnt. Eine weitere wichtige Fachwerkstadt im Schwarzwald ist **Schiltach**. Hier ist das geschlossene Gesamtbild beeindruckend, ohne dass am Rathausplatz einzelne Fachwerkhäuser herausragen. Das Rathaus hebt sich, wie in anderen Orten, jedoch ab. Das Gebäude aus dem Jahre 1593 mit seinem Staffelgiebel und der bemalten Fassade ist jedoch kein Fachwerkbau. Außerhalb des Stadtkerns ist zudem das Gasthaus Adler beeindruckend.

Fachwerkensemble am Rathausplatz von Schiltach

Üsenberger Hof (15. Jahrhundert) ★

Der Keller des alemannischen spätgotischen Fachwerkbaus aus dem 15. Jahrhundert (Dachgebälk auf 1483 datiert) ist sogar 1000 Jahre alt. 1984 erwarb die Stadt das Gebäude, sanierte es in den 1990er Jahren und richtete dort das Vorderösterreich-Museum ein (Endingen gehörte lange zu Habsburg).

Adresse: Adelshof 20

Alte Post (1674) ★

Das Fachwerkgebäude **Alte Post** beherbergte bis 1866 die Posthalterei. Im ersten Stock zeigt es einen gedeckten Seitengang, an der Seite ein Portal mit Steintreppe.

Adresse: Hauptstraße 28

Färberhaus (1747) und **Gänsbühl 1** (1733)

Am **Färberhaus** an der Stadtmauer informiert eine Tafel:

> 1747 von Antonius Müller erbaut. Sein offenes, über den Hauskörper hinausreichendes Dachgeschoß diente den Färbern zum Trocknen der Tuchstücke. Die Rückwand des Hauses ist ein Teil der Stadtmauer.

Unweit davon informiert am Haus Gänsbühl 1, einem schmalen, pittoresken Eckhaus mit dem auffällig auskragenden Oberge-schoss, eine Sandsteintafel, dass es ursprünglich 1635 errichtet wurde, der Stadtbrand von 1689 das Haus zerstörte und es dann 1733 wieder errichtet wurde.

Adresse: Gänsbühl 5 (Bild: unten links) und Gänsbühl 1

Altes Rathaus (um 1400) ★ 📄

Eine Besonderheit des Alten Rathauses ist die offene Säulenhalle im Erdgeschoss, wo einst Salz und Getreide verkauft wurden. Auf dem Satteldach sitzt ein pittoresker Dachreiter, der mit der Jahreszahl 1416 versehen ist. In der Zeit von 1802 bis 1845 diente das Gebäude auch als Schulhaus.

Adresse: Hauptstraße 16

Gasthaus Adler (1604) ★★

Das heutige Gasthaus Adler war einst die ‚Herrenherberge zum Hohen Haus'. Der zweistöckige Erker ist eine Besonderheit des Gebäudes. Das Spätrenaissance-Fachwerk zeigt ein komplexes Muster mit Andreaskreuzen, Rauten, Mannfiguren und viele Schmuckelementen wie Schnitzereien und eine gedrechselte Sonnenscheibe.

Adresse: Hauptstraße 20

Haus zu den fünf Türmen (17. Jahrhundert)

Das **Haus zu den fünf Türmen** heißt so, weil es ehemals Gasthaus war, mit einem immer noch zu sehenden fünftürmigem Stadtwappen an der Fassade. Das Jahr des Baus ist nicht verfügbar. Das Haus zeigt jedoch über einem massiven Erdgeschoss Zierfachwerk nach Art der Spätrenaissance. Burkheim wurde im Dreißigjährigen Krieg von schwedischen Truppen zerstört, deshalb ist eine Entstehung nach diesem Krieg wahrscheinlich.

Adresse: Hauptstraße 2

5 weitere bemerkenswerte Fachwerkhäuser im RB Freiburg

Donaueschingen		
Falkenpost (1706), Poststraße		Nach zwei schweren Stadtbränden im 19. und 20. Jahrhundert sind nur wenige Fachwerkhäuser in der Stadt erhalten geblieben. Die Falkenpost war erst Gasthaus dann Poststation von Thurn und Taxis.
Gengenbach		
Häuser Viktor Kretz Str. 25-26 (1704)		Die im Winkel mit Giebel aufeinanderstoßenden Fachwerkhäuser bilden ein markantes Dreieck mit Brunnen auf dem Vorplatz. Der Giebel der Hausnummer 25 (Haus Herb) ist durch seine Asymmetrie prägnant ausgeformt.
Rottweil		
Café Lehre (um 1500), Waldtorstr. 5		Errichtet um 1500 vermutlich als Pfleghof von Kloster Gengenbach. 1891 von Christoph Lehre erworben. 1906 neugestaltet von Prof. A. Bauder. Erneuert im Jahre 1977.
Stadtarchiv Rottweil (16. Jahrhundert), Engelgasse 13		Ursprünglich ein Bürgerhaus, wurde das Gebäude 1583 zur Lateinschule umgebaut. Ab 1707 Deutsche Schule, ab 1831 gewerbliche Nutzung. Seit 1981 Archiv der Stadt Rottweil.
Villingen		
Zehnder'sches Haus (1690), Hans-Kraut-Gasse 11		Ursprünglich zum Kloster gehörender Barockbau. In den 1970er Jahren Sanierung des erhalten gebliebenen Fachwerkgiebels.

3. Regierungsbezirk Stuttgart

Der Regierungsbezirk Stuttgart ist reich an Fachwerkstädten. Oft sind es eher kleinere ehemalige Reichsstädte, die meist im Krieg unzerstört blieben und noch heute Fachwerkkerne aufweisen. Eine hohe Dichte an Fachwerkstädten gibt es vor allem in der Region Mittlerer Neckar (Großraum Stuttgart). Aber auch in Ostwürttemberg, dem fränkisch geprägten Norden und dem historisch zu Baden gehörenden östlichen Kraichgau sind viele Fachwerkbauten zu finden.

RB Stuttgart	Orte	Häu-ser	Top 77	Top 18
Region Stuttgart	**26 (27)**	**42**	**31**	**8**
Heilbronn-Franken	**6 (9)**	**10**	**8**	**3**
Ostwürttemberg	**2**	**4**	**3**	**1**
RB Stuttgart	**34 (38)**	**56**	**43**	**12**

Fachwerkhaus in Besigheim (links); rechts Wohnstallhaus aus dem 18. Jahrhundert in Renningen, seit 1978 öffentliche Toilette

3.1 Region Stuttgart

> **Backnang**

Rathaus (1717) ★

Das historische **Rathaus von Backnang** wurde 1599-1601 erbaut und ist noch heute Sitz der Stadtverwaltung. 1693 wurde es bei einem Stadtbrand bis auf den steinernen Renaissanceunterbau zerstört. 1716-1717 wurde es als Fachwerkbau nach Plänen des Landesbaumeisters Johann Ulrich Heim wieder aufgebaut. Im Dachbereich mit seinen drei Fachwerkgeschossen war früher ein Kornspeicher, deshalb sitzt eine Dachgaube mit großem Tor auf der rechten Dachseite. In früheren Zeiten gab es im Rathaus sogar zwei Gefängniszellen. 2009-2010 wurde das Gebäude saniert, wobei der Braunton der Balken durch einen Rotton ersetzt wurde.

Adresse: Am Rathaus 1

Besigheim

Rathaus (1459) ★★

Das 1459 in Rähmbauweise errichtete **Rathaus** der gut erhaltenen, auf einem Höhenrücken zwischen Neckar und Enz gelegenen mittelalterlichen Altstadt von Besigheim, beeindruckt durch die durch das Giebeltürmchen betonte Gebäudehöhe sowie Details wie der großen Uhr und dem überdachten Erkerbalkon im ersten Stock.

> **Rathaus.** Ursprünglich Kaufhaus der Stadt mit Fronwagen, Gerichtslaube und Fruchtkasten. 1459 Baugenehmigung durch Markgraf Karl von Baden. Im zweiten Stock bemalte Stein- und Bohlenwände von 1571 … „Alemannisches Fachwerk", 1976/77 bei der Sanierung freigelegt und erneuert. Uhr aus dem 17. Jh. Balkon 1901.

Adresse: Marktplatz 12

Dreigiebelhaus (1486-1501)

Das **Dreigiebelhaus** ist eines der ältesten Fachwerkhäuser von Besigheim und wurde ursprünglich von drei Besitzern in einem Zeitraum von 15 Jahren erbaut. Ab 1610 gab es nur noch einen Besitzer und es wurde zum heutigen Erscheinungsbild umgestaltet. 1699 wurde es wieder auf mehrere Besitzer aufgeteilt. In den Jahren 1986-89 erfolgte der letzte Umbau. Heute finden sich im Komplex ein Buchladen sowie gastronomische Betriebe.

Adresse: Marktplatz 4

Alte Apotheke (1628) ★

1628 wurden zwei bestehende Gebäude am Besigheimer Markt-platz zu einem großen Geschäftsgebäude umgebaut. 1961 wurde hier eine **Apotheke** eingerichtet. Mittlerweile findet sich im Erdgeschoss das Lokal *Marktwirtschaft*. Nach Entfernung von drei Buchstaben von der Fassade ist dort passenderweise Stadt-Theke zu lesen.

Adresse: Marktplatz 2

Hornmoldhaus (1536) ★ ★ 📄

Das **Hornmoldhaus** gehört zu den besterhaltenen Bürgerhäusern der Renaissance in Süddeutschland. Eine Fassadentafel informiert:

Hofanlage Sebastian Hornmolds (1500-1581), Stadtschreiber, Vogt und erster Württembergischer Kirchenratsdirektor. 1535/36 anstelle eines Pfründehauses erbaut. Spätgotische Gewändereste davon in der EG-Nordwestwand. Fast vollständige Innenausmalung aus der Renaissancezeit erhalten … 1979-1986 restauriert. 1982 mit Europa-Nostra Diplom preisgekrönt. Seit 1989 Stadtmuseum.

Adresse: Hauptstr. 57

Lateinschule (1476) ★

Der spätmittelalterliche Fachwerkbau der **Lateinschule** in Bietigheim, ein Stockwerkbau mit Auskragungen, wurde 1476 als Stadthaus der Herren von Nippenberg erbaut. Von 1547 bis 1953 befand sich im Haus eine Latein- bzw. Oberschule. 1984-86 wurde das Gebäude restauriert. Das 1568 als Stadtschreiberei erbaute **Physikat**, 1704-1840 Amtswohnung des Stadt- und Landarztes (Physicus), grenzt unmittelbar an. Beide Gebäude sind heute Sitz städtischer Ämter.

Adresse: Hauptstraße 61

Vogtshaus (1570) ★

1570 erbautes **Vogtshaus** (im Bild links) mit seinem massiven Erdgeschoss zeigt einen dreigeschossigen Standerker und im Giebelbereich renaissancetypische Zierelemente. Heute beherbergt das
Haus ein Fleischereimuseum. Rechts daneben die **ehemalige
Stadtschreiberei** aus der zweiten Hälfte des 16. Jahrhunderts.
Nach einem Befund wurde die Graufassung der Balken 1984 wieder hergestellt.

Adresse: Marktplatz 27 (und 29)

Ratsstüble (1458) ★★

1458 auf dem Kellergewölbe eines Vorgängerbaues errichtetes 17 m hohes schmales Fachwerkhaus. Es zeigt Fachwerk der Zeit der Gotik mit Mann-Formen der Streben. Um 2000 wurde es saniert. Heute findet sich hier die Gaststätte Ratsstüble.

Adresse: Hauptstraße 35

Dreigiebelhaus (1715) ★ 📄

Die ehemalige Hofanlage aus zwei gestelzten giebelständigen Wohnstallhäusern und einer überbauten Tordurchfahrt zeigt Schmuckfachwerk. Das Jahr des Baus ist mit 1715 bzw. 1763 bezeichnet. Seit 1993 wird es von der Stadtbibliothek genutzt.

Adresse: Am Laien

Rathaus (1422) ★ ★ 🗎

Das prächtige **Rathaus** in der historischen Altstadt von Esslingen zeigt zum Rathausplatz eine verputzte Renaissancefassade. Zu den anderen Seiten zeigt es sich als Fachwerkhaus mit der charakteristischen Fachwerkstruktur des *Schwäbischen Mannes*. Auf einen Ständerbalken laufen schräg weitere Balken zu, was an die Silhouette eines Menschen mit ausgestreckten Armen und Beinen erinnert. Der *Schwäbische Mann* weist hier sowohl oben als auch unten komplexe Abwinkelungen auf.

Adresse: Rathausplatz 1

Kielmeyerhaus (1582) ★ 📄

Dieses Haus mit seinem großen Renaissance-Fachwerkgiebel, der weit über die anderen Gebäude des Marktplatzes hinausragt, wurde im Jahre 1582 als Kelter (ein Standort einer Presse zur Gewinnung von Fruchtsäften, auch als Vorstufen von Wein und Most) errichtet, um den abgebrannten Kelter des Katharinenspitals zu ersetzen. Im Erdgeschoss fanden sich einst acht Weinpressen. Im 18. Jahrhundert ging das Haus in den Besitz der Familie Kielmeyer über, die es in ein Wohn- und Geschäftshaus umwandelte.

Um das Haus ranken sich örtliche Sagen, zum Beispiel, dass einst ein Krokodil im Keller gehaust haben soll. Heute gibt es Diskussionen um seine energetische Sanierung. Der private Besitzer möchte eine Photovoltaikanlage auf dem großen Dach errichten, der Denkmalschutz sperrt sich bisher.

Adresse: Marktplatz 3

Speyrer Zehnthof (16. Jahrhundert) ★

Am imposanten **Speyrer Zehnthof**, dessen Fachwerketagen aus dem 16. Jahrhundert auf einem Unterbau aus dem 13. Jahrhundert sitzen, informiert eine Tafel:

Speyrer Zehnthof (Kessler-Haus)
Von Kaiser Friedrich II. 1213 dem Domkapitel Speyer vermacht. Bis 1546 Zehnt- und Pfarrhof, danach Sitz der Kirchenkastenverwaltung. 1501 grundlegend erneuert. Seit 1826 Sitz der ältesten Sektkellerei Deutschlands.

Adresse: Kirchplatz 6-12

Hafenmarkt 4-10 (um 1330)

Der Hafenmarkt 4-10 in Esslingen ist die älteste zusammenhängende Fachwerk-Häuserzeile in Deutschland. Die Fachwerkhäuser, von denen eines verputzt ist, wurden zwischen 1328 und 1331 erbaut. Auf dem Bild vorne links am Eck zu sehen ist mit dem Hafenmarkt 10 das auffälligste Gebäude der Zeile.

Adresse: Hafenmarkt 4-10

Alter Bau (1445) ★ 🗎

Mit acht Stockwerken gilt der als Kornspeicher und Fruchtkasten 1445 errichtete **Alte Bau** als eines der größten Fachwerkhäuser Deutschlands. Heute beherbergt das Gebäude ein Museum und eine Galerie. Seit die ICEs durch einen Tunnel und nicht mehr über die Geislinger Steige fahren, sehen weniger Fahrgäste vom Zug aus diesen eindrucksvollen Bau.

Adresse: Moltkestraße 11

Alter Zoll (1495) ★

Geislingen gehörte einst zur Reichsstadt Ulm. So wurde das eindrucksvolle siebenstöckige Fachwerkhaus in typisch alemannischer Bauweise **Alter Zoll** von Ulmern erbaut. Die Giebelfassade zeigt aufwändige Verblattungen. Im Erdgeschoss fand sich einst eine Zollstation. Im Geschoss darüber wohnten Zöllner mit ihrer Familie. In den oberen Stockwerken fanden sich Warenlager und ein Fruchtkasten. Der Dichter Schubart war von 1763 bis 1769 in Geislingen tätig und traf in der Stadt die im Alten Zoll wohnende Helene Bühler, Tochter des Oberzollers, die er später heiratete. Fährt man mit dem Zug über die Geislinger Steige, sieht man das eindrucksvolle Gebäude über die Dächer der Stadt ragen.

Adresse: Hauptstraße (Fußgängerzone)

Kornschreiberhaus (1397/1990er Jahre)

Das Kornschreiberhaus ist das älteste Fachwerkhaus des Kreises Göppingen. Der Gewölbekeller, über dem es 1397 erbaut wurde, ist sogar noch älter. Das Dach war ursprünglich mit Stroh gedeckt (und ist es jetzt wieder). Der Fenstererker wurde 1503 auf Wunsch des damaligen Stadtschreibers eingebaut. Im Jahre 1800 wurde im Haus Eduard Mauch geboren, ein Zeichenlehrer, der später am Bau des Ulmer Münsters beteiligt war. 1989 erwarb das Ehepaar Stahl das abrissgefährdete Gebäude, trug es systematisch ab und ließ es unter Verwendung der alten Hölzer wieder im originalen Erscheinungsbild errichtet.

Adresse.: Moltkestraße 7

Großbottwar

Rathaus (1556) ★★

Das bis 1556 erbaute **Rathaus von Großbottwar** fällt mit seinen sechs auf einem Sandsteinsockel sitzenden Fachwerkgeschossen, durch seine Größe und Höhe und die kleinen Fenster, teilweise mit Butzenscheiben, auf. Früher waren im Gebäude offene Lauben für Stadtbäcker, ein Tanzsaal und ein Gerichtssaal untergebracht. 1776 wurde an der Fassade eine Uhr angebracht. 1984-86 wurde das Rathaus für einen Betrag von 3.2 Millionen DM (1.6 Millionen Euro) saniert.

Adresse: Marktplatz 1

Schiefes Haus (1542) ★

Das **Schiefe Haus** in Großbottwar ist ein Weingärtnerhaus aus dem 16. Jahrhundert (an der Fassade ist die Jahreszahl 1542 angebracht). Das Haus sitzt am Eck von zwei spitzwinklig zusammenlaufenden Straßen und hat eine entsprechende Form. Zusätzlich hat sich das obere Geschoss im Laufe der Jahrhunderte verschoben, so dass sich ein pittoreskes Bild ergibt.

Adresse: Lange Gasse 22

Stadtschänke/Johannespfründe (1434)

Großbottwar hat mit der Stadtschänke eines der ältesten Fachwerkhäuser des Kreises Ludwigsburg. Das oberdeutsche Fachwerk des
Gebäudes kragt in jedem Stockwerk ein Stück vor. Das Haus besitzt aufwändige, 12 cm dicke Bohlenwände.

Adresse: Hauptstraße 36

Herrenberg

Vogtei/Oberamtsgebäude (1655) ★

Eine Tafel an der Fassade informiert

Vogtei und Oberamt
Nach dem Stadtbrand von 1635 im Jahre 1655 an der Stelle des früheren herrschaftlichen Fruchtkastens neu aufgebaut als Vogtei und Kellereiverwaltung. Hier wohnte der Vogt, der örtliche Stellvertreter des Herzogs, dem Gerichtsbarkeit, Steuerwesen und städtische Militärangelegenheiten oblagen. Ab 1759 Oberamtei, 1928-1938 Landratsamt, heute städtisches Verwaltungsgebäude.

Adresse: Kirchgasse 2

Kirchgasse 1 (Mitte 17. Jahrhundert)

Das Wohngebäude Kirchgasse 1 schließt mit der Kirche im Hintergrund und den Blumenkästen an den Fenstern das Gebäudeensemble über dem Marktplatzes pittoresk ab.

Adresse: Kirchgasse 1

Rathaus (1724)

Der große Stadtbrand des Jahres 1690 zerstörte in Kirchheim unter Teck auch das Rathaus. Dieses wurde bis 1724 an der Stelle eines abgebrannten Bürgerhauses neu errichtet. Der auf dem Giebel sitzende Uhrturm macht es zu einem markanten Bau. Das Rathaus von Kirchheim Teck ist zurzeit aufgrund einer Fassadenrenovierung eingerüstet. An der Fassade fallen mehrere Tafeln auf: *‚Landeswettbewerb Stadtgestalt und Denkmalschutz im Städtebau: Landessieger 1978 und 1987‘*, sowie eine Plakette *‚Bundeswettbewerb 1978 Stadtgestalt und Denkmalschutz im Städtebau‘*, sowie ein weiterer Preis der Deutschen Stiftung Denkmalschutz aus dem Jahre 2002.

Adresse: Marktstraße 14

Dekanatamt (1692) ★

Ein Schild am breiten, repräsentativen Gebäude mit seinen zwei Fachwerkvollgeschossen und drei Giebelgeschossen auf einem massiven Erdgeschoss informiert, dass das Dekanatamt 1692, zwei Jahre nach dem Stadtbrand, unter Benutzung der ehemaligen Stadtmauer neu erbaut wurde.

Adresse: Widerholtplatz 4

Altes Haus (1538) ★

Eine Tafel an diesem prächtigen Fachwerkhaus informiert:

1538 als Herberge vor dem Oberen Tor errichtet
1662 Sitz der herrschaftlichen Verwaltung des Kirchheimer Forsts
1902 von der Stadt erworben und bis 1973 für schulische Zwecke genutzt
1978 auf Abbruch verkauft
1980 Übergang in Privatbesitz und bis 1983 renoviert

Adresse: Dettinger Straße 2

Rathaus (1468) ★

Das imposante **Alte Rathaus** von Leonberg mit seinen ockergelb gestrichenen Fachwerkbalken wurde im Jahre 1468 erbaut. Es beherbergte einst auch ein Gericht, eine Kaufhalle, einen Tanz- und einen Fruchtboden. Im Jahre 2020 kam es zu einem Wasserrohrbruch im Mauerwerk, der Sanierungsbedarf aufzeigte. Seither gibt es in der Stadt eine Diskussion über die Zukunft des stadtbildprägenden Bauwerks.

Adresse: Marktplatz 9

Schwarzer Adler (Fachwerk: 16. Jahrhundert)

Im 14. Jahrhundert wurde das 'Steinhaus' erbaut, heute das älteste Gebäude der Stadt. 1457 tagte hier der Leonberger (württembergische) Landtag. Im 16. Jahrhundert wurde das Gebäude durch die Fachwerketagen aufgestockt. In den 1960er Jahren wurde es umgebaut und das lange verputzte Fachwerk wieder freigelegt.

Adresse: Graf-Ulrich-Straße 5

Heinlinscher Hof (1688)

Das Gebäude zeigt den repräsentativen Fachwerkbau der damals gehobenen Schicht. Erbaut wurde es vom Metzger und späteren Bürgermeister Heinlein, der es ab 1704 bewohnte. Das stattliche dreigeschossige Haus zeigt ein massives Erdgeschoss aus unverputzten Quadersteinen. Das Fachwerk wurde 1984 freigelegt, im Jahr 2000 wurde das Dach saniert. Eine Tafel am Gebäude informiert:

> **Heinlinscher Hof**
> Erbaut 1688 von dem Marbacher Metzger Johann Jakob Heinlin. Bisher einzig bekanntes Gebäude innerhalb der Stadtmauer, das den Stadtbrand von 1693 unbeschadet überstand.

Adresse: Auf den Felsen 1

Rathaus (1441) ★ ★ 📄

Das Rathaus der einstigen Amtsstadt Grüningen (heute Markgrö-
ningen), ein leicht vorkragender Stockwerksbau, wurde 1441 als
Kaufhalle, Gerichts- und Ratsgebäude errichtet. Bald wurde die
Architektur des 26 m hohen Gebäudes mit seinem Glockentürm-
chen und den Wilder Mann-Fachwerkstreben gerühmt. Hans
Grüninger schrieb 1527 darüber: *„Rathaus von Holz gemacht, des
gleichen wohl nicht gefunden wird“*. Es wird heute zu den schönsten Fachwerkhäusern Deutschlands gezählt.

Adresse: Marktplatz 1

Altes Rathaus (1666) ★

Das mit 1666 bezeichnetes Alte Rathaus zeigt Zierfachwerk im Stil der Spätrenaissance. Heute findet sich hier das Standesamt der Gemeinde Neckartaiflingen.

Adresse: Nürtinger Straße 2

Rathaus (1657) ★

Die kleine Stadt Neuffen besitzt ein recht großes Fachwerkrathaus aus dem Jahre 1657 mit gelblich bemalten Balken und einem komplexen Giebel mit kleinen Fensterchen und einem Dachreiter. Ein Schild am Gebäude informiert:

> 1634 im Dreißigjährigen Krieg beim Stadtbrand völlig zerstört
> 1657 Wiederaufbau. Im Mittelalter zentraler Platz unter den Arkaden als Gerichts- und Marktort. Im 1. Stock Halle für Versammlungen. Im 2. Stock Kanzlei des Schultheißen und der Stadtpflege.

Adresse: Hauptstr. 19

Salemer Hof (1483) ★

Bereits im 13. Jahrhundert hatten Mönche aus Salem das Grund-
stück erworben. 1483 wurde hier ein neuer Pfleghof errichtet.
Heute informiert eine Tafel am **Salemer Hof**:

1483 Neubau des Pfleghofs und der benachbarten, 1985 abgebroche-
nen ‚Mönchscheuer‘
1645 verkauft der Salemer Abt den Mönchshof an die Herrschaft
Württemberg
1769 Gastwirtschaft und Brauerei ‚Zum Waldhorn‘
1922 Verwaltungsgebäude des Landratsamtes Nürtingen
1978 Erwerb durch die Stadt und denkmalgerechte Renovierung mit
Freilegung des alemannischen Fachwerks, Reste der Innenbemalung
im ersten Obergeschoss aus der Erbauungszeit und dem 16. Jahrh.

Adresse: Alleenstr. 6B

Riegersches Haus (1578) ★

Das Zierfachwerk des Riegerhauses war an der Westseite um 2010 so marode, dass es unter Putz verschwand. Die Nordseite zeigt noch heute Zierfachwerk. Am **Riegerschen Haus** informiert heute eine Tafel:

> Dreigeschossiger Zierfachwerkbau mit gemauertem Erdgeschoss und vierstöckigem Standerker zum Markt.
> 1578 am Marktplatz von dem Glaser Jakob Hoyler erbaut, dessen Initialen J.H. im Hauszeichen über der Stabwerktür sichtbar.
> 1902-1962 im Besitz der Schuhmacherfamilie Rieger
> 1962 Kauf durch die Stadt, Sanierung, Umbau z. Verwaltungsgebäude
> 2010 Teil des Technischen Rathauses

Adresse: Marktstraße 1

Alte Schmiede (1676) ★

Die in Stockwerkbauweise mit leicht auskragenden Geschossen 1676 errichtete **Alte Schmiede** gehört zu den imposantesten Fachwerkhäusern Nürtingens. Eine Tafel *Historisches Nürtingen* informiert über das Gebäude:

> 1676 gegenüber des Obertors - dem östlichen Eingang der Stadt - errichtet. Erbaut von dem aus Esslingen stammenden Johann Heinrich Schloßberger und seiner Frau Hedwig, geb. Hezer.
> Schloßberger wird auch zu einem der beiden Bürgermeister gewählt.
> 1795-1930 Schmiede.
> 1926 nach Freilegung des Fachwerks unter Denkmalschutz gestellt.
> 1967 grundlegende Renovierung, Erneuerung des Erdgeschosses
> Glanzpunkt des vor allem im Giebelbereich vorhandenen Zierfachwerkes ist eine goldene Fächerrosette mit den Initialen HH und HS sowie der Jahreszahl 1676.

Adresse: Kirchstraße 14

Altes Rathaus (1530)

Das **Alte Rathaus von Plochingen,** einer von Verkehrsinfrastruktur geprägten Stadt mit kleiner Altstadt, ist ein markanter alemannischer Fachwerkbau. Im Rahmen der Innenstadtsanierung wurde das Gebäude 1977 von der Neckarstraße an den Marktplatz versetzt. Die freistehenden Holzbalken, die das erste Stockwerk stützen, sind in Beton eingefasst, was das Gesamtbild etwas beeinträchtigt.

Adresse: Am Markt 1

Schorndorf

Palmsche Apotheke (1735) ★ ★ 🗎

Die 1735 erbaute **Palm'sche Apotheke** zeigt in ihrer Prächtigkeit den Aufstieg des Apothekerstandes in der damaligen Zeit. Das Haus diente damals als Wohnraum für Familie und Personal und als Lagerraum für Arzneimittel. Im Erdgeschoß befand sich der Laden. Im Untergeschoß wurden Tinkturen selbst gemixt. Als 1979 die heutige Palm'sche Apotheke die Räumlichkeiten bezog, wurde eine Gedenktafel für den aus Schorndorf stammenden Buchhändler Johann Philip Palm (1766-1806) angebracht. Seine Schrift *‚Deutschland in seiner tiefen Erniedrigung‘* war der Grund für Napoleon, ihn erschießen zu lassen.

Adresse: Marktplatz 2

Altes Rathaus (1478)

Das **Alte Rathaus** (unten rechts) und das **Salzhaus** (1592) in Sindelfingen haben durch Umbauarbeiten im Laufe der Jahrhunderte viel von der ursprünglichen Substanz verloren. Das äußere Erscheinungsbild blieb jedoch weitgehend erhalten.

Adresse: Lange Straße 13

Haus am Hexensprung (1475) ★

Das Gebäude besteht aus einem 1475 errichteten Wohnhaus, einem 1506 errichteten Anbau sowie einer ehemaligen Scheune. Es ist eine der letzten erhaltenen spätmittelalterlichen Hofanlagen in der Altstadt von Sindelfingen. Es zeigt einfache Fachwerkstrukturen, ohne die später aufkommenden Renaissance-Zierelemente.

Adresse: Hintere Gasse 9

Rathaus (1686) ★

Der Treppenaufgang, die spinnwebartige Fachwerkstruktur und der Dachreiter geben dem **Steinheimer Rathaus** ein markantes Aussehen. Der steinerne Sockel des Rathauses wurde 1578 errichtet. Das Fachwerk wurde nach einem Brand bis 1686 neu aufgebaut. Im Haus gab es ein Salzkontor, in welchem Salzhandel für umliegenden Gemeinden betrieben wurde. Durch die Lage unweit des Flusses Murr gab es immer wieder Überschwemmungen, was an den Hochwassermarken am Rathaus deutlich wird.

Adresse: Ludwigsburger Str. 4

Klösterle (1463) ★

Das laut einer Tafel am Gebäude 1463 erbaute Fachwerkhaus ist das älteste Wohnhaus im Großraum Stuttgart und wurde im Mittelalter von alleinstehenden, religiös orientierten Frauen, den Beginen, bewohnt. Im Haus ist im ersten Stock eine gotische Kapelle enthalten. Trotz seiner geschichtlichen Bedeutung sollte es in den 1970er-Jahren abgerissen werden. Die Bürgerinitiative Pro Alt Cannstatt konnte es jedoch retten. 1983 kaufte es der Architekt Hermann Kugler und ließ es sanieren. Heute enthält das Haus im Erdgeschoß eine Weinstube, in den oberen Etagen ein Architekturbüro.

Adresse: Thaddäus-Troll-Platz

Vaihingen-Enzweihingen

Großes Haus (1622) ★ ★

Das **Große Haus** wurde 1622 erbaut, also während des Dreißigjährigen Krieges, und ist mit einer Nutzfläche von 1000 m^2 eines
der größten Fachwerkhäuser Württembergs. In den 1980er-Jahren
wurde es renoviert, 12 Wohnungen wurden eingerichtet. Heute ist
es Sitz der Jugendbücherei der Stadt Vaihingen.

Adresse: Pfarrgasse 1

Bürgerhaus (1557)

Am Weilheimer Marktplatz entstand 1557 anstelle des ehemaligen Pfarrhauses das Diakonathaus. 1833 wohnte hier Eduard Mörike als Pfarrvikar. 1980 wurde das Gebäude von der Stadt Weilheim erworben, restauriert und zum ‚**Bürgerhaus**' umgebaut.

Adresse: Marktplatz 4

Altes Rathaus (1591) 📄 ★ ★

Überraschenderweise sind bestimmte Elemente des Renaissance-Gebäudes mit seinen Zierfachwerk-Elementen erst 1956 hinzuge-kommen, so der Dachreiter, die Ausstattung des Ratssaales und die Außenanlagen. Das Dach wurde 2013 bis 2014 erneuert. Zurzeit steht das Gebäude leer.

Adresse: Traubenstraße 2

Altes Rathaus (1701) ★

Der prächtige, heute von einem Restaurant genutzte Fachwerkbau **Altes Rathaus** zeigt zwei auf einem massiven Erdgeschoss sitzende Fachwerkstockwerke. Der Giebel ist von einem Dachreiter (hier Uhr- und Glockenturm) gekrönt.

Adresse: Marktstraße 47

5 weitere bemerkenswerte Fachwerkhäuser in der Region

Korntal-Münchingen		
Haupthaus Spitalhof Katharinenhospital (1562), Am Spitalhof 1		Über einem hohen, massiv gemauerten Sockel- und Erdgeschoss zwei fachwerksichtige Obergeschosse. Der Giebel schließt mit einem Krüppelwalmdach ab. Zuletzt 2006 saniert. Heute Seniorenwohnanlage.
Marbach		
Schillers Geburtshaus (um 1700), Nikolastorstraße 31		Der zweigeschossige Bau in Hang- und Ecklage wurde 1703-05 errichtet. 1759 wurde hier Friedrich Schiller geboren. 1857 wurde das Haus vom Marbacher Schillerverein aufgekauft und bis 1859 historisierend als Gedenkstätte ausgebaut. 1965 wurde es grundlegend saniert.
Schorndorf		
Pfründnerhaus des Spitals (1664), Johann-Philip-Palm-Str. 10		1558 errichtet. Diente zur Versorgung wohlhabender Bürger. Sie erhielten hier medizinische Fürsorge und eine dauerhafte Unterkunft. Nach dem Stadtbrand von 1634 wurde das Pfründnerhaus von 1662 bis 1664 neu aufgebaut.
Sindelfingen		
Storchenhaus (1601), Kurze Gasse 12		Einst Universitätskellerei und Verwaltungsgebäude der Tübinger Universität, findet sich heute im massiven Erdgeschoss ein Handwerksatelier und in den Fachwerketagen darüber Wohnungen.
Vaihingen-Enzweihingen		
Altes Rathaus (1741), Vaihinger Straße 12		Auf zwei verputzten Geschossen sitzt eine Fachwerketage, gekrönt von einem Fachwerkgiebel mit Krüppelwalmdach. Auf dem First sitzt ein Dachreiter mit Glocke und Wetterfahne.

3.2 Region Heilbronn-Franken

Bad Wimpfen

Schmuckkästchen (um 1600) ★★

Das schlanke, um 1600 als Stockwerkbau erbaute **Schmuckkästchen** gilt als das schönste Fachwerkhaus der baulich vollständig erhaltenen historischen Altstadt von Bad Wimpfen.

Adresse: Badgasse 8

Schafgasse 2 (ca. 1550-1580) ★ (📄)

Zum pittoresken Fachwerkensemble **Klostergasse** gehört das heute als Wohnhaus genutzte, leicht rückversetzte und deshalb einer anderen Straße zugeordnete **Bürgerhaus Schafgasse**. Der Kellerhalsvorbau mit dem rundbogigen Kellertor und seinem erkerartigen vorkragenden Fachwerkaufbau fällt auf. Das Gebäude zeigt einen hohen Giebel mit Krüppelwalmdach. Der Dachstuhl musste nach einem Brand 1980 wieder hergestellt werden. Das Gebäude wurde 1986 umfassend saniert, die Fassade 1996 renoviert.

Adresse: Schafgasse 2

Rathaus (1712) ★

Das barocke Fachwerk-Rathaus (im Bild rechts) wurde nach der Kriegszerstörung von 1693 auf erhalten gebliebenen Erdgeschoss-Umfassungsmauern von 1598/99 erbaut. Über den Erdgeschoss-Fensterstöcken und im Rundbogentor sind diese Jahreszahlen noch zu lesen. 1775 wurde der Giebel verputzt, 1935 das Fachwerk wieder frei gelegt. Zurzeit wird das Rathaus saniert.

Adresse: Hauptstraße 19

Baumannsches Haus (1582/83) ★ ★ 📄

Das 1582/83 in fränkischer Fachwerkbauweise erbaute **Baumann-sche Haus** in Eppingen gilt als eines der schönsten Fachwerkhäuser Badens. Auf einem Sandsteinsockel sitzen Fachwerketagen aus rot gestrichenen, geschnitzten Eichenbalken. Erbauer war der Metzger und Viehhändler Hans Ziemer. Um sich vor dem Neid der Nachbarn zu schützen, hatte er an der Fassade etliche *Neidköpfe* anbringen lassen.

Adresse: Kirchgasse 31

Schwebegiebelhaus (um 1450), Bäckerhaus (1412) 📄

Am **Schwebegiebelhaus** (Bild unten links) mit seinen zwei leicht auskragenden Fachwerketagen auf einem massiven Erdgeschoss informiert eine Tafel, dass es sich beim Schwebegiebel vor dem dreistöckigen Giebel um eine seltene alemannische Giebelkonstruktion der Zeit um 1500 handelt. Heute wird das Haus als Wohngebäude genutzt.

Das 1412 erbaute **Bäckerhaus** ist das älteste Fachwerkhaus des Kraichgaus. Es wurden in der damals neuen Stockwerksbauweise errichtet, bei welchem jedes Stockwerk einzeln gebaut wird. Das erlaubt auch Auskragungen der oberen Geschosse mit Vorteilen bei der Nutzung von Grundstücken und dem Ablauf von Regenwasser.

Adresse: Kirchgasse 22 (links) und Altstadtstraße 36 (rechts)

Rathaus (1579) ★ 🖹

Das Rathaus von Grünsfeld, einer Stadt im fränkisch geprägten Nordosten Baden-Württembergs, zeigt Renaissance-Zierfachwerk im Obergeschoss und Giebel. Mittig auf der Vorderseite findet sich ein für Franken typischer, zur Hälfte innen gelegener Treppenturm. Dieser ist mit 1620 bezeichnet.

Adresse: Hauptstraße 12

Haus Born (1467) ★

Das im Fachwerkstil der Gotikzeit errichtete Kaufmannshaus 'Haus Born' in Neudenau wurde 2008-10 saniert. Eine Besonderheit ist, dass das Fachwerk lediglich fußzonig ausgesteift ist, eine für den Mittelrhein typische Bauart. Als das Nachbarhaus 1476 errichtet wurde, leitete man die Dachentwässerung in den Spalt zwischen beiden Häusern, was die Fachwerkwände zerstörte, so dass das Haus auf der rechten Seite einsank. Die Fachwerkwände ersetzte man dort deshalb durch massives Mauerwerk

Adresse: Hauptstraße 21

Rathaus (1587) ★

Eine Besonderheit beim Bau des Rathauses war die Konstruktion
der Fassaden als Schwellenwände, wobei die senkrechten Wand-
teile auf durchgehenden Schwellen ruhen, statt wie damals üblich
auf Riegelschwellen.

Adresse: Hauptstraße 29

Clausnitzer Haus (älteste Teile: 1390) ★ ★ (📄)

Die ältesten Holzteile des mächtigen Fachwerkhauses am Markt-platz wurden dendrochronologisch auf das Jahr 1390 datiert, das Dachwerk auf das Jahr 1604. Ein Schild am Haus informiert: *„Ro-manisch-gotischer Adelssitz. Im Innern alte Wappenpfosten (Senft, Stetten). 1592 als Fachwerkhaus umgebaut".* Ein weiteres Schild:

> Das breite „Clausnitzerhaus" besteht aus mehreren Baukörpern: einem staufischen, steinernen Wohnturm, zwei spätmittelalterlichen Fach-werkhäusern und einem alles vereinigendem, mächtigen barocken Gie-bel. In der Bruchsteinwand finden sich gotische Fensteröffnungen. Die Familie Clausnitzer betrieb hier um 1900 eine „Strohhütefabrik"- es war wohl eher eine Hutmanufaktur.

Heute sitzt in dem mächtigen Fachwerkhaus die Stiftung *Haus der Bauern* (Mitglieder: 1560 Bauernhöfe der Region Hohenlohe).

Adresse: Am Markt 2

Feyerabenthaus/Dreikönighaus ★

Das Vorderhaus des Doppelhauses wurde bereits 1289 errichtet und ist das älteste Fachwerkhaus der Stadt. Das Hinterhaus stammt aus dem Jahre 1395. Im 17. Jahrhundert wurde das Gebäude umgestaltet. Das nach oben auskragende Gebäude zeigt im Giebelbereich Schmuckfachwerk.

Adresse: Untere Herrngasse 2

5 weitere bemerkenswerte Fachwerkhäuser in der Region

Brackenheim		
Am Flüchttor (1700), Am Flüchttor		Das ursprünglich 1567 erbaute Haus am Flüchttor wurde nach dem Stadtbrand von 1691 im Jahre 1700 wieder errichtet. 1978/80 wurde es saniert. Heute dient es dem örtlichen Kunstverein für Ausstellungen.
Eppingen		
Alte Ratsschänke (1483), Altstadtstraße 5		Erst von Geistlichen genutzt, ging es 1584 in städtischen Besitz über und diente als Wohnsitz für den Stadtschreiber und Schultheiß. Wegen Baufälligkeit verlor das Gebäude im 1. WK das obere Stockwerk und das Giebeldach und wurde mit einem Walmdach gedeckt.
Güglingen-Frauenzimmern		
Storchennest (1595), Cleebronner Str. 14		Das 'Storchennest' wurde 1595 im Renaissancestil von einem Verwalter des Hofguts des örtlichen Klosters erbaut. Erdgeschoss massiv, Zierformen im Giebelbereich.
Neudenau		
Ehem. Krone (1624), Hauptstraße 25		1624, also während des Dreißigjährigen Krieges, im mainfränkischen Stil mit Renaissance-Zierformen errichtet. Ehemals Gasthaus 'Zur Krone' wird es heute von einer Bäckerei genutzt. Lange verputzt, wurde das Fachwerk erst im 20. Jh. wieder freigelegt.
Schwaigern		
Storchennest (16. Jahrhundert), Theodor Heuss Str. 1		Das Storchennest ist das älteste noch heute erhaltene Wohnhaus der Stadt. Einst war es Teil eines dreiseitigen Bauerngehöfts aus dem 15./16. Jahrhundert. Das Fachwerkhaus wurde von 1982 bis 1984 saniert.

3.3 Ostwürttemberg

Aalen

Goldenes Lamm (1493)

Die ehemalige Gaststätte **Goldenes Lamm** in Aalen weist einzelne Renaissance-Zierelemente im Fachwerk auf. Heute findet sich ein Laden im Erdgeschoss und ein Hotel in den Obergeschossen. 2023 wurde die Fassade saniert.

Adresse: Kocherstraße 8

Schwäbisch Gmünd

Amtshaus (1434) ★ ★ 📄

Das **Amtshaus** gehört mit dem Kornhaus und dem Grät zu den drei großen Fachwerkhäusern der Stadt. Es ist Teil des Heiliggeistspitals, das bis zu seiner Auflösung 1984 als ältestes Krankenhaus Deutschlands galt. An einer Tafel am Amtshaus ist zu lesen:

> Das 1434 als Pfründnerhaus des Spitals zum hl. Geist errichtete Gebäude ist eines der letzten Zeugen der mittelalterlichen Zeit des Spitals. Im Wesentlichen präsentiert sich der Bau im Äußeren so, wie er nach dem ersten Umbau 1456 konzipiert wurde. Seit 1994 beherbergt der mächtige alemannische Fachwerkbau die Stadtbibliothek.

Adresse: Marktplatz

Kornhaus (1507) ★ 📄

Das 1507 erbaute Kornhaus diente einst als Korn- und Nahrungs-speicher, um die Vorräte der Reichsstadt in Kriegs- und Friedens-zeiten zu sichern. Im 19. Jahrhundert wurde im Gebäude erst die Stadtwaage, dann das Eichamt untergebracht. Ab 1919 wurden im Haus Wohnungen eingerichtet. 1973-74 wurde das Kornhaus gründlich restauriert und Büros der Stadtverwaltung zogen ein. Heute gibt es zusätzlich private Büros. Bei der letzten Modernisie-rung im Jahre 2007 wurde das Erdgeschoss in einen Ausstellungs-raum für den Gmünder Kunstverein umgestaltet.

Adresse: Kornhausstraße

Grät (1536) ★ 🗎

Das große Fachwerkhaus **Grät** am Marktplatz von Schwäbisch Gmünd war einst ein Kaufhaus, später beherbergte es auch Gerichts- und städtische Verwaltungsfunktionen. Teile des Gebäudes, so die Nordmauer, gehen auf das 13. Jahrhundert zurück. Ab 1536 erhielt das Gebäude ein Fachwerkstockwerk mit Fachwerkgiebel und damit sein heutiges Aussehen. Das Fachwerk verschwand später wieder unter Putz, bis es 1928 im Zuge der Restaurierung der Fassade wieder freigelegt wurde. Heute befinden sich ein Museum sowie Gastronomie im Gebäude.

Adresse: Marktplatz 7

4. Regierungsbezirk Tübingen

Der Regierungsbezirk umfasst den südlichen Neckarraum, die Schwäbische Alb, Oberschwaben und das Bodenseeufer. Fachwerkhäuser sind hier nicht so häufig, wie im nördlichen Württemberg. Als Fachwerkstädte gelten die Reichstadt Ulm, Bad Urach, Blaubeuren, Riedlingen und auch Meersburg am Bodensee. In Ulm gab es große Kriegszerstörungen, aber im donaunahen Fischerviertel sind einige Fachwerkhäuser erhalten geblieben, zwei davon werden in diesem Kapitel vorgestellt. Ein weiteres Fachwerkhaus an der Stadtmauer zur Donau fällt durch die Bemalung der Fassade mit roten Rauten auf (siehe Bild unten). Auch auf der kargen Schwäbischen Alb gibt es sehenswerte Fachwerkhäuser, so in Trochtelfingen (Bild rechts).

Ulm: Haus an der Stadtmauer am Donauufer,
Zierfachwerk in Trochtelfingen, Schwäbische Alb

Ecklädele (1581) ★

Das schmale **Ecklädele** wurde in holzsparender verzapfter Fachwerkkonstruktion errichtet. Das Haus wurde früher von Handwerkern genutzt, vor allem Schuhmacher waren hier tätig.

Adresse: Schützenstraße 11

Haus am Markt (um 1400) ★

Das Haus am Markt wurde um 1400 in alemannischer Fachwerkkonstruktion errichtet. Die Holzverbindungen sind hier verblattet
und mit einem Holznagel gesichert. Das Fachwerk zeigt die typische Struktur des alemannischen Mannes. Das Haus beherbergt seit
seiner Erbauung eine Wirtschaft.

Adresse: Marktplatz 1

Zollernschloss (um 1255) ★ 🗎

Die Grundmauern des Balinger Zollernschlosses stammen nach Untersuchungen aus dem 13. Jahrhundert, die Obergeschosse wurden 1372 erneuert. Aufgrund von Baufälligkeit musste die Giebelseite zum Fluss 1681 abgerissen werden, sie wurde 1682 wieder aufgebaut. 1920 kaufte die Stadt Balingen das Schloss und das Reiterhaus. Dieses war jedoch so baufällig, dass ein Abriss empfohlen wurde. Der fand schließlich im Jahr 1935 statt, 1936 wurde das Gebäude unter Verwendung möglichst vieler Originalteile wieder aufgebaut. Heute findet sich im Schloss ein Museum. Zur Landesgartenschau 2023 in Balingen wurde das Eyachufer gegenüber dem Schloss für Fußgänger zugänglicher gemacht.

Adresse: Schloßstraße 6

Töpferhaus am Weberberg (1421) ★

Das **Töpferhaus** zählt zu den ältesten noch erhaltenen Gebäuden Biberachs. Nach dendrochronologischer Untersuchung der Holzbalken wurde es 1421 errichtet. Etwa 200 Jahre nach seiner Erbauung wurde es umgebaut und die gewölbte Balkendecke in der Wohnstube durch eine bemalte Holzkassettendecke ersetzt. Heute finden sich im frisch sanierten und makellos wirkenden Gebäude moderne Wohnungen eine Werkkunstschule und ein Töpfermuseum.

Adresse: Engelgasse 5

Altes Rathaus (1432) ★

Eine Tafel am **Alten Rathaus** informiert:

Fachwerkbau in alemannischer Holzkonstruktion mit einem der ältesten noch erhaltenen Kehlbalkendächer mit liegendem Stuhl. 1432 als „Neue Metzg" erbaut.
Verkaufsräume für Metzger bis 1828; danach Waaghaus bis 1914. Im Obergeschoß: Zwei Stuben für Rat und Stadtgericht, große Laube. 1974 bis 1975 Freilegung des Fachwerks mit teilweiser Erneuerung, Holzschutzmaßnahmen, Büroeinbauten im Erdgeschoß. 1980 bis 1984 umfassende Sanierung mit Umbau: Ausbau des Dachgeschosses, neue Dachgauben, Rekonstruktion der großen Laube, Freistellen der inneren Holzkonstruktionen, Unterkellerung.

Adresse: Waaghausstraße 2

Blaubeuren

Hoher Wil (17. Jahrhundert) ★★

Der **Hohe Wil** ist das höchste Fachwerkhaus Blaubeurens, mit der Dachbodenluke sind es sieben Stockwerke. Wil bedeutet steiles Dach, kein Schnee sollte darauf liegen bleiben. Die Stadt erwarb das Gebäude in den 1980er-Jahren und erneuerte es grundlegend. An der Fassade ist folgendes zu lesen:

1625 als Gerberhaus in einfacher Fachwerkbauweise erstellt
1695 Massivunterbau im Untergeschoß
1988 Innen und Außenrenovierung mit Erhalt und Rückführung in den historischen Zustand durch die Stadt Blaubeuren

Adresse: Aachgasse 7 (Gerberviertel)

Großes Haus (1429) ★ ★

Da **Große Haus** wurde in den 1990ern Jahren saniert und beherbergt heute die Stadtbücherei. Der Bau zeigt Fachwerk im alemannischen Stil mit beidseitigen Erkern. 1593 wurde durch den Bürgermeister Weingärtner, dem damals das Gebäude gehörte, ein 2. Stock aufgesetzt. Am Haus ist zu lesen:

1429 als gotischer Fachwerkbau mit 2 Nutzungsebenen erbaut
1593 aufgestockt im Renaissancestil auf heutige Höhe
1984 von der Stadt erworben
1990-93 durch die Stadt saniert.
Auf den historischen Zustand zurückgeführt.

Adresse: Webergasse 5

Kleines Großes Haus (1483) ★

Durch die Armut seiner Nutzer wurde das **Kleine Große Haus** in seiner Geschichte nie wesentlich verändert. Bis zur 2013 abgeschlossenen Sanierung wurde es auch kaum renoviert. So ist es eines der wenigen Fachwerkgebäude, welches sich in seiner ursprünglichen Anmutung erhalten hat. Am Gebäude sind Geschichte und Besitzerwechsel in einer Inschrift dokumentiert (Auszug):

1483 vermutlich vom Kloster als Blaubeurer Pfarrhaus gebaut
1538 Erwerb durch das Land
1655 Erwerb durch vermögende Handwerkerfamilien und Aufteilung
1900 fünf Hauspartien, kleine Handwerker (Weber, Küfer, Dreher)
1985 Erwerb durch die Stadt Blaubeuren
1998 Übereignung an Stiftung
Bis 2013 Sanierung des Gebäudes
2013 Einweihung, Ein Haus für Veranstaltungen und Feierlichkeiten

Adresse: Webergasse 11

Ehem. Gasthof zum Engel (15. Jahrhundert) ★

Das giebelständige Bürgerhaus, mit deutlich vorkragenden Geschossen, Schmuckfachwerk im hohen Giebel und einem Krüppelwalmdach, beherbergte einst den Gasthof Engel. Heute teilen sich verschiedene gewerbliche Nutzungen das Erdgeschoss.

Adresse: Karlstraße 5

Schiefes Haus/Reutersches Haus (1353) ★

Um 1950 arbeitete ein Schmied namens Reuter im Haus, weshalb es von Ehingern auch **Schmied Reutersches Haus** genannt wird. Auf zwei massiv gemauerten Stockwerken sitzt ein Fachwerkgeschoss sowie ein Fachwerkgiebel. Die schiefen Balken ergeben ein interessantes, pittoreskes Gesamtbild.

Adresse: Kasernengasse 1

Heilig-Geist-Spital (1532) ★ (🖹)

Der 1532 errichtete repräsentative Verwaltungsbau des Spitals mit Kammern für Küchen und Lagerräume wurde nach Auflösung des Spital als Kaserne genutzt. Nach dem 2. Weltkrieg war hier eine Gewerbeschule untergebracht. Über einem Massivmauerwerk finden sich 2 Fachwerkvollgeschosse und 3 Giebeletagen. Im Zeitraum 1977 bis 1984 wurde das Gebäude von Grund auf saniert, teilweise rekonstruiert und zu einem Museum umgebaut, welches 1985 eröffnet wurde.

Adresse: Am Viehmarkt 1

Holsteinhaus/Altes Kaufhaus (zweite Hälfte 16. Jahrh.) ★

Eine Tafel am Holsteinhaus informiert

> Ein zweigeschossiger Fachwerkbau mit einem Satteldach, das Erdgeschoß ist verputzt, das Fachwerk im ersten Obergeschoß und im Giebel ist freiliegend, schabrackenartige und vorkragende Holzsägearbeiten sind unter den Schwellenhölzern angebracht. Die stark vorkragenden Deckenbalken des Untergeschosses sind durch Blendarkaden bedeckt. Ein oberschwäbischer Einfluss ist erkennbar. Ursprünglich wurde das Gebäude multifunktional genutzt, insbesondere als Markthalle im Zentrum der Marktstadt Hayingen. Renaissancefachwerk aus der zweiten Hälfte des 16. Jahrhunderts ist in Hayingen mehrfach zu beobachten.

Adresse: Brunnenstraße 1

Heiligenhaus/Kirchenburg (um 1550) ★

Die auf der Hochfläche der Schwäbischen Alb liegende Kleinstadt Laichingen wurde im Dreißigjährigen Krieg zerstört und eine großer Brand im Jahre 1852 führte zu weiteren großen Schäden an der Bausubstanz. Eine historisch geschlossene Altstadt mit Fachwerkstraßen fehlt deshalb. Es gibt jedoch vereinzelt sehenswerte Fachwerkhäuser in der Stadt, vor allem in der Kirchenburg.

Der Kirchenburg-Gebäudekomplex aus Zeughaus, Fruchtkasten/Torhaus und Heiligenhaus (im Bild unten von links), dessen Wehrmauer Mitte des 16. Jahrhunderts angelegt wurde, beherbergt heute das Laichinger Weberei- und Heimatmuseum. Das Heiligenhaus mit seinen gelben Fachwerkbalken sitzt dabei auf pittoreske Weise auf der Kirchenburgmauer.

Adresse: Weite Straße 65

Gasthaus zum Ochsen (1629) ★

Eine Tafel am Gebäude informiert:

Barockes Fachwerkhaus aus dem Jahr 1629. Der Münsinger Markt-platz war um 1900 von sieben Gastwirtschaften umgeben. Der "Gol-dene Ochsen" zählte stets zu den wohlhabendsten Häusern und besaß im 18. und 19. Jahrhundert eine eigene Brauerei sowie am Ortsrand eine Malzmühle. 1941 richtete Ochsenwirt Bosch einen pferdebe-spannten „Omnibus"-Verkehr zwischen Stuttgart und Friedrichshafen ein. 1988 folgte eine umfassende Sanierung des Gebäudes.

Adresse: Beim Unteren Tor 7

Gasthaus zum Hirsch (1558)

Eine Tafel am stattlichen Fachwerkgebäude informiert:

Die Bauinschrift am südöstlichen Eckpfosten belegt eine Errichtung des Hauses im Jahre 1558. Der um 1700 erstmal als Herberge erwähnte Gasthof zum Hirsch zählte einst zu den bedeutendsten Gaststätten der Stadt. 1814 wurde im Haus zusätzlich eine Poststation eingerichtet. Die Doppelnutzung endete 1889 mit dem Umzug der Poststation in den kleinen Fruchtkasten im Schlosshof. Zuletzt in desolatem Zustand, konnte der Abbruch der Gaststätte 1985 durch eine umfassende Sanierung abgewendet werden. Der Wirtshausausleger mit Posthorn und Hirsch wurde nach einer Originalvorlage angefertigt.

Adresse: Hauptstraße 47

Munderkingen

Zwiefalter Hof (1352) ★

Eine Tafel am Gebäude informiert:

> Bis 1650 Besitz der Familie Bichenthaler
> Danach Niederlassung und Hofgut der Abtei Zwiefalten.
> Geburtshaus von Pfarrer Stephan Bichenthaler, Prior und Geschichts-
> schreiber im Kloster Zwiefalten (1609-1663).
> 1744 Erneuerung. 1352 Erste Erwähnung eines Zwiefalter Klosterho-
> fes in der Pfaffengasse.

Adresse: Donaustraße 24

Altes Haus (1317) ★

Das als kleinadeliger Wohnsitz bereits 1317 erbaute „Alte Haus" gehört zu den ältesten Wohnhäusern Süddeutschlands. Die radiale Balkenführung ist etwas Besonderes, kein anderes Fachwerkgebäude in Deutschland zeigt noch diese Balkenstruktur. Seit 1983 ist das Gebäude im Besitz der Stadt Pfullendorf. Es dient heute als Museum der Stadtgeschichte.

Adresse: Museumsgasse 1

Marien-Apotheke (17. Jahrhundert) ★

Das Gebäude, in welchem seit 1818 die 1756 gegründete Marien-Apotheke sitzt, gehört zu den ältesten der Ravensburger Altstadt. Den Gebäudekern bildet ein dreigeschossiger mittelalterlicher Wohnturm, welcher 1190 errichtet wurde. Die heutige Erscheinung als Fachwerkhaus geht auf das 17. oder 18. Jahrhundert zurück. Der Erker mit Türmchen verleiht ihm ein prägnantes Erscheinungsbild. Das Kirschholzmobiliar der Apotheke mit wertvollen Intarsienarbeiten stammt noch aus der Gründerzeit der Apotheke. 1998 wurde ein weiterer Eingang, der zu einem neuen modernen Innenraum führt, geschaffen.

Adresse: Marktstraße 8

Vogthaus (1474)

Das in schlichter Fachwerkarchitektur gehaltene Vogthaus ist eines der ältesten Fachwerkgebäude Ravensburgs und wurde 1514-1802 von den Kaplänen der Katharinenpfründe der Kirche St. Jodok bewohnt. Am Vogthaus informiert ein Schild:

Das Fachwerkgebäude aus dem Jahr 1474, das der Vogt der reichsstädtischen Herrschaft Schmalegg, Peter Spät, bis 1512 bewohnte. Von 1955 bis 2004 Städtisches Museum. Seit 2007 ‚Ein öffentliches Wohnzimmer' der Stiftung Vogthaus.

Adresse: Ecke Charlottenstraße/Untere Breite Straße

Seelschwesternhaus (frühes 16. Jahrhundert) ★

Eine Tafel am ehemaligen Klosterhof informiert:

> Älteste Teile von 1386. Zier-Fachwerk von 1694. Im 17. Jh
> zeitweilig Stadthaus des Prämonstratenser Reichsstiftes March-
> tal. Von 1804-1997 Apotheke. Grundlegend saniert 1997.

Das Fachwerk des Gebäudes wurde 1959 freigelegt. 2003/04 fand
eine Außenrenovierung statt.

Adresse: Zwiefalter Straße 2

Gasthaus zum Greifen (17./18. Jahrhundert) ★

Das giebelständige dreigeschossige ehemalige Gasthaus mit massiver Erdgeschosszone und fachwerksichtigen leicht vorkragenden Obergeschossen zeigt reiches Zierfachwerk und am Giebel Aufzugsläden und einen Galgenkran. 1989/90 kam es zu einer Außenrenovierung, 1999 zu einer Instandsetzung. Das Gebäude wurde 2015 an Privatleute verkauft und steht zurzeit im Erdgeschoss leer mit nur langsamen Sanierungsfortschritten.

Adresse: Weilerstraße 4

Alte Kaserne (1686) ★

Dieser prächtige Zierfachwerkbau wurde 1686 vom damaligen Bürgermeister Christoph Gaysser erbaut und als Scheuer genutzt. Hier waren 1806-1813 Reiter des Königs Friedrich I. einquartiert und von hier zogen württembergische Soldaten in den Russlandfeldzug Napoleons, deshalb der Name ‚Alte Kaserne'.

Adresse: Rösslegasse 2

Rathaus (16. Jahrhundert) ★

Das Fachwerkhaus in Rosenfeld (Zollernalbkreis) mit seinen Renaissance-Zierformen im Giebel wurde im 16. Jahrhundert erbaut. Bis 1809 war es Sitz des Amtmannes. 1976 wurde es saniert und zum Rathaus der kleinen Landstadt umgebaut.

Adresse: Frauenberggasse 1

Altes Spital (16. Jahrhundert)

Das Spital in Rosenfeld (Zollernalbkreis) wurde im 16. Jahrhundert erbaut. Von Ende des 17. Jahrhunderts bis 1919 war hier eine Latein- und Volksschule untergebracht. 1987-1992 wurde es grundlegend saniert und dient heute als Sitz der Stadtbücherei.

Adresse: Spitalstraße 7

Schiefes Haus (14. Jahrhundert) ★ 🗎

In Ulm stehen im Fischerviertel, Ulms Klein-Venedig, einige pittoreske Fachwerkhäuser. Am bekanntesten ist das **Schiefe Haus**, welches sich einem Bach zuneigt. Das im 14. Jahrhundert errichtete Haus erhielt 1443 sein heutiges Aussehen, neigte sich im Laufe der Zeit jedoch immer mehr. Seit 1995 wird das Haus mit seinen elf Zimmern als Hotel genutzt. Mit einer Neigung von bis zu 10° wird es seit 1997 vom Guinness Buch der Rekorde als **schiefstes Hotel der Welt** geführt.

Adresse: Schwörhausgasse 6

Schmales Haus (17. Jahrhundert) ★★

Das im 17. Jahrhundert erbaute **Schmale Haus**, unweit vom schiefsten Hotel der Welt gelegen, ist mit einer Breite von 4.6 Metern das schmalste Hotel von Ulm. Im Jahre 2002 wurde das Gebäude kernsaniert und der Innenbereich im Jahre 2015 noch einmal grundsaniert.

Adresse: Fischergasse 27

Bindstr. 71 (18. Jahrhundert)

Das Haus in der Bindstraße am Rande der Altstadt fällt durch die Kombination von bunter Fachwerk- und weißer Putzfassade auf. Eine Inschrift am Haus informiert, dass ans Haus angrenzend bis 1874 das Georgentor stand.

Adresse: Bindstraße. 71

5 weitere bemerkenswerte Fachwerkhäuser im RB Tübingen

Balingen		
Ehemalige Sonne (1792), Viehmarkt-platz 8		Das ehem. Gasthaus Sonne wurde 1792 mit für Barockstil typischem Mansarddach errichtet. Es überstand den großen Stadtbrand von 1809. 1980 sollte es abgerissen werden. Es wurde jedoch saniert und das Fachwerk wieder freigelegt. Viele moderne Einbauten wie Dachgauben.
Isny		
Ehem. Evangelisches Pfarrhaus (1435), Espantor-straße 2		In einem Nebengebäude des 1435 errichteten Hauses richtete der evangelische Pfarrer Paul Büchlein (Fagius), die erste hebräische Druckerei Deutschlands ein. Im Erdgeschoss ein Ziehbrunnen, der vermutlich aus keltischer Zeit stammt.
Ravensburg		
Neidegg-sches Haus (1470), Humpis-straße 5		Der Ravensburger Patrizier Hans Humpis baute das Haus 1470 mit den von Neideggs, ebenfalls eine im Fernhandel tätige Patrizierfamilie. Als der letzte Bewohner im Jahre 2005 starb, richtete die Stadt einen Museumskomplex ein.
Riedlingen		
Ehemalige Apotheke (1387), Lange Straße 2		Über dem massiven Erdgeschoss findet sich im Wohn- und Geschäftshaus erst ein verputztes, darüber ein fachwerksichtiges Obergeschoss. Das nordöstliche Giebeldreieck zeigt reiches Zierfachwerk mit geschweiften Andreaskreuzen und Aufzugsläden. 1997/98 saniert.
Überlingen		
Ehem. **Pfleghof Kloster Wald** (1601), Krumme-bergstr. 27		Über einem hohen Sockelgeschoss und einem massiven Obergeschoss, beide mit Rundbogentoren, zwei vorkragende Fachwerkgeschosse mit einem Zwerchhaus auf dem Dach.

Quellennachweis:

Texte: Informationen zu den Texten:

Gebäude mit Wikipedia-Artikel sind mit 📄 gekennzeichnet, diese Artikel wurden fast immer genutzt

Bilder: Richard Deiss, **Pfullendorf:** Berti Immler

<u>**Allgemeine Quellen**</u>

Manfred Gerner, Deutsche Fachwerkstraße
Hrsg. Arbeitsgemeinschaft Deutsche Fachwerkstädte e.V.
Bad Neustadt an der Saale

Die Deutsche Fachwerkstraße
https://www.deutsche-fachwerkstrasse.de/

Fachwerkfreunde
www.fachwerkfreunde.de

<u>**Spezifische Quellen**</u>

Bad Saulgau, Altstadt
https://www.bad-saulgau.de/tourismus/inspirieren/virtueller-stadtrundgang/interaktiver-stadtplan/

Bad Wimpfen
file:///C:/Users/richd/Downloads/Denkmalpflegerischer_Werteplan_Gesamtanlage_Bad_Wimpfen_am_Berg.pdf

Besigheim, Rathaus
http://www.fachwerkfreunde.de/k2/949-12-das-rathaus-besigheim

Biberach, Altes Rathaus
https://tourismus.biberach-riss.de/Biberach-erleben/Sehenswertes-Biberach/Altes-und-Neues-Rathaus/

Blaubeuren, Hoher Wil
http://www.fachwerkfreunde.de/k2/963-7-die-hohe-wil-blaubeuren

Blaubeuren, Kleines Großes Haus
http://www.kleines-grosses-haus.de/

Calw, Haus Schnaufer
https://www.calw.de/attraktionen/haus-schnaufer-6284d71679

Ehingen, Heilig-Geist-Spital
https://museum.ehingen.de/heilig-geist-spital

Ehingen, Schiefes/Reutersches Haus
https://www.schwaebische.de/regional/ulm-alb-donau/ehingen/ins-reutersche-haus-kommt-bewegung-1052407

Eppingen, Fachwerkhäuser
https://bnn.de/kraichgau/fachwerk-dorado-ein-ausflug-nach-eppingen-im-kraichgau

Gengenbach, Färberhaus
https://www.gengenbach.info/pois/schwedenturm-und-faerberhaus-581b3768cf

Geislingen, Kornschreiberhaus
https://www.geislingen.de/de/gaeste/kultur/historischer-stadtrundgang/kornschreiberhaus

Großbottwar, Rathaus
https://www.grossbottwar.de/verzeichnis/visitenkarte/vorstellung/mandat/149558/rathaus_von_der_stadt_grossbottwar.html?browser=1

Großbottwar, Stadtschänke
https://xn--stadtschnke-grossbottwar-xbc.de/

Kirchheim/Teck, Rathaus
https://www.kirchheim-teck.de/de/Stadt-Rathaus/Unsere-Stadt/Historisches/Kirchheimer-Haeuser

Laichingen, Kirchenburg
https://www.laichingen.de/de/Laichingen-leben/Kultur-und-Freizeit/Weberei-und-Heimatmuseum

Leonberg, Altes Rathaus

https://www.stuttgarter-zeitung.de/inhalt.marktplatz-leonberg-was-wird-aus-dem-alten-rathaus.5bbc87db-2e0f-4e96-b41d-ea1ae9a0e29a.html

Nürtingen, Salemer Hof

https://www.nuertingen.de/de/nuertingen-fuer-alle/kultur-sport-freizeit/stadt-themenfuehrungen/stadtrundgang-auf-eigene-faust

Pfullendorf, Altes Haus

https://www.pfullendorf.de/stadt/tourismus-kultur/galerien-museen/museum-der-stadtgeschichte/

Plochingen, Altes Rathaus

https://www.plochingen.de/start/erkunden+_+orientieren/Sehenswuerdigkeiten.html

Ravensburg, Vogthaus

https://www.schwaebische.de/regional/oberschwaben/ravensburg/ravensburger-vogthaus-ist-ein-sanierungsfall-2259037

Riedlingen, Altstadt

file:///C:/Users/richd/Downloads/werteplan_riedlingen.pdf

Schwäbisch Hall, Haus der Bauern

https://www.hdb-stiftung.com/de/

Steinheim/Murr, Rathaus

https://www.stuttgarter-nachrichten.de/inhalt.grossprojekt-in-steinheim-stadt-plant-neues-rathaus-fuer-mindestens-15-millionen-euro.fc1cd304-05fe-49e4-ad0e-26a1b3cf6381.html

Vaihingen-Enzweihingen

http://www.pfenz.de/wiki/Gro%C3%9Fes_Haus_(Enzweihingen)

Wangen/Allgäu, Trinklaube (Schmiedstraße)

https://www.wangen.de/nachrichtendetails/das-haus-trinklaube-2-bekommt-ein-zweites-leben-1105

Weingarten, Walk'sches Haus

https://www.weingarten-baden.de/freizeit-tourismus/sehenswertes/walksches-haus

Weitere Architekturbücher des Autors bei books on demand, www.bod.de

Deutschlands schönste Fachwerkhäuser
Meine Liste der 100 schönsten Fachwerkgebäude in Deutschland
Norderstedt 2023

Die schönsten Fachwerkhäuser in Nordrhein-Westfalen
Meine Liste der 77 schönsten Fachwerkhäuser in NRW
Norderstedt 2024

Die schönsten Fachwerkhäuser im Westen Deutschlands
Meine Liste der 77 sehenswertesten Fachwerkgebäude in Rheinland-Pfalz und im Saarland
Norderstedt 2024

Die schönsten Fachwerkhäuser in Hessen
Meine Liste der 77 sehenswertesten Fachwerkgebäude in Hessen
Norderstedt 2024

Die schönsten Fachwerkhäuser in Norddeutschland
Meine Liste der 77 schönsten Fachwerkhäuser in den 5 nördlichen Bundesländern, Norderstedt 2024

Die schönsten Fachwerkhäuser in Mittel- und Ostdeutschland
Meine Liste der 55 schönsten Fachwerkhäuserin Mittel- und Ostdeutschland, Norderstedt 2024

Die schönsten Fachwerkhäuser Bayerns
Meine Liste der 55 sehenswertesten Fachwerkgebäude in Franken und Bayerisch-Schwaben, Norderstedt 2024